AF275654

INCIERTO PERFUME

© Juan Luis Bedins Pérez
© Prólogo: Jaime Siles Ruiz
© Obra pictórica de portada:
   Viajar, de Virginia Escoruela (@virginiaescoruela)
© Fotografía del autor en el *curriculum*:
   Alma Back Fos (@almabackfos)
© Fotografía del autor en la contraportada:
   Estela Bedins Perucho
© Corrección: Paloma Albarracín
© de esta edición: Olé Libros, 2024

Director de la colección: Vicente Barberá Albalat

ISBN: 978-84-10053-78-6
Depósito legal: V-3827-2024
Impreso en España

No se permite la reproducción total o parcial de este libro, ni su incorporación a un sistema informático, ni su transmisión en cualquier forma o por cualquier medio, sea este electrónico, mecánico, por fotocopia, por grabación u otros métodos, sin el permiso previo y por escrito del editor. La infracción de los derechos mencionados puede ser constitutiva de delito contra la propiedad intelectual (Arts. 270 y siguientes del Código Penal). Las solicitudes para la obtención de dicha autorización total o parcial deben dirigirse a CEDRO (Centro Español de Derechos Reprográficos).

KALOSINI, S. L.
Grupo editorial olélibros
equipo@olelibros.com
www.olelibros.com

INCIERTO PERFUME

Juan Luis Bedins

COLECCIÓN NIGREDO

JUAN LUIS BEDINS

Juan Luis Bedins (Valencia, 1958) es escritor y poeta. Comienza a ejercer la docencia en 1982, año en que obtiene plaza por oposición. Ha trabajado también en la Conselleria de Educación, Investigación, Cultura y Deporte. Comenzó a formar parte del panorama literario valenciano en 1984. Fue socio fundador de la Asociación Literaria El Sueño del Búho en el año 2003. Desde enero de 2012 preside la Asociación Valenciana de Escritores y Críticos Literarios (CLAVE).
Ha ganado varios premios literarios, entre ellos el Premio de Poesía Villa de Mancha Real (Jaén) en 1986, por el poemario *Aproximación a un diálogo de espejos*. Ha colaborado en revistas literarias y ha participado en congresos de escritores. Tiene seis libros de poesía publicados: *Sinopsis del olvido* (1991), *Liturgia a siete voces* (1994), *Desde aquel balcón remoto* (1997), *Escucho otra cadencia en mi memoria* (2005), *Tánger* (2013) y *Migración del alma* (2018).

AGRADECIMIENTOS

En primer lugar, quiero expresar mi agradecimiento al editor de esta obra, Toni Alcolea, que al frente de Olé Libros está realizando una extraordinaria labor de apoyo a los escritores y escritoras. También agradezco su constante y metódica labor a Vicente Barberá, coordinador de la colección Nigredo. Y a todo el personal de Olé Libros que ha intervenido en la elaboración de este *Incierto perfume*, como Loli Lara.

Un agradecimiento especial a los amigos y amigas que han contribuido con su lectura y aportaciones a pulir mis fallos y así mejorar la calidad de los poemas: muchas gracias a José Antonio Mateo, Arantxa Esteban, Carles Santaemilia, Juan Pablo Zapater, Rafael Soler y Jaime Siles, autor, además, del brillante prólogo que introduce el libro.

Mi agradecimiento también a Virginia Escoruela, que me ha cedido generosamente la imagen de su cuadro *Viajar* para la portada de este libro. Y a las autoras de las fotografías: Alma Back Fos y Estela Bedins Perucho, mi hija.

Finalmente, muchas gracias a todos los amigos y amigas que me han estado preguntando y alentando para que no se demorara su publicación. Y por supuesto, a mi familia. De manera muy especial, a Vicenta y Estela.

PRÓLOGO

En la época en que todos van deprisa Juan Luis Bedins ha decidido ir despacio y, siguiendo el consejo horaciano, ha dejado reposar su libro *Incierto perfume* el tiempo necesario para que éste no fuera uno más entre los muchos y por completo innecesarios que se publican hoy. Esta mezcla de humildad y rigor suya hay que agradecérsela porque supone una desviación del paradigma que, para oprobio de la poesía, hoy es el usual y casi rutinario. Su exigente esmero en el cuidado del ritmo y de la forma, su búsqueda en cada poema del modelo más adecuado de composición, su mismo uso de la palabra común y cotidiana, elevada a su máxima capacidad expresiva, y la misma unidad del poemario hacen de su libro no sólo un valioso testimonio de lo que un poeta debe ser sino también un ejemplo a seguir.

Muchas son las claves y registros que la escritura de Juan Luis Bedins despliega, pero tres parecen ser los ejes sobre los que se apoya su sólido decir: el optimismo ontológico (*a pesar de todo / siempre hay un hilo de luz / que ilumina nuestra mirada*), aun a sabiendas de que nuestro vivir es una *travesía hacia la nada*; la creencia en una redención intermitente, en la que los mismos instantes que desaparecen y en los que desaparecemos nos hacen renacer; una mirada de pintor de bodegones (*Contemplo el tragaluz por donde huye mi vida / cual cráneo cubierto de cerezas*) que asiste a su diaria realidad como si ésta se presentase en un *continuum* de impresiones ópticas, plásticas y lumínicas; y una fe ciega en el valor de la memoria (*los recuerdos sobreviven* y, por eso, la *rosa*, aun estando *quebrada* y *esparcida* puede seguir *sobre el sueño fugaz / de la memoria*).

Sueño y *memoria* son dos ejes correlativos, como lo es su sentido religioso de la palabra, que implica *un continuo renacer de ojos* desde el momento en que el ser humano *vive* en, con y por medio de *la palabra*, que en Bedins —conviene indicarlo— es más que lenguaje porque en ella queda el perfume de todo cuanto somos: su más íntima esencia, el rumor de nuestra mismidad.

El título que ha dado a su libro no es, pues, ni convencional ni trivial, sino todo un hallazgo porque sintetiza la cosmovisión del autor: el modo de enfrentarse al mundo y a sí mismo, y la manera de entenderlo y entenderse también. Estamos ante un texto escrito en la madurez y que responde y corresponde a ella como ese *terso* pétalo *de pluma* que resume en un verso todo su universo sígnico mayor. «Bailarina» es un poema que aporta una de las claves existenciales del libro: el misterio y la vivencia del amor, que tal vez sea —junto con la sensación de envejecer (*Nos duele envejecer*)— el tema más recurrente del mismo. De ahí que ninguno de ellos reciba un tratamiento idílico, sino elegíaco (*Viajo con frecuencia / por los caminos del recuerdo, / me alojo en hoteles solitarios / donde escucho tu voz en cada puerta*) y con novedosos aciertos como el del poema en que introduce el cine —la película *De aquí a la eternidad* vista en la televisión— y a la actriz Deborah Kerr como interlocutora, haciendo que la anécdota adquiera un halo de fantasmagoría que le inocula una inesperada riqueza metafísica que convierte lo irreal en real y viceversa.

He aludido antes a la presencia del motivo del sueño y lo onírico aquí, pero no lo he subrayado suficientemente. Lo hago ahora porque lo considero necesario para comprender una de las dimensiones mentales y emotivas que en *Incierto perfume* operan, y no al modo de los surrealistas, sino como en el celuloide de las fotografías (*Pedir que el mundo me devuelva / todos los sueños / que sobre él he proyectado / es mi objetivo*). Bedins es un coleccionista que atesora *aromas de luz velada* y galopes *de crepúsculos* sólo para poder *seguir soñando*, que es como él interpreta su propio vivir: *Simplemente / vivir la vida*. Lo que no es poco. Y ese vivir suyo se le da o bien en la memoria y los recuerdos, o bien *en la madrugada de los sueños*, como si todo lo de antes tuviera luego su correspondiente correlato objetivo después.

Me ha llamado la atención una imagen que me ha traído a la memoria otras, de Calímaco, para quien las estrellas eran *episcopoi* —es decir: espías—, y de Catulo para quien, aquellas, *cuando la noche calla, contemplan los furtivos amores de los hombres*, y que Bedins —sin conocerlos, pienso— hace suyos y reformula así: *¿Con qué lágrimas me hallarán despierto*

/ las estrellas que observan mis pesares, / con qué voz transparente, / con qué silueta redentora? Estos versos, de un poema narrativo que no es el tipo que el autor más suele utilizar aquí, y de ahí la singularidad que lo distingue, constituye el centro del libro: lo que los antiguos llamaban el *ónfalos*. No es casual su situación en él, como no lo es tampoco su tema, aquí meridianamente expuesto: *Amar no es un error si la verdad redime, / y yo he amado, / y amo como nunca / a quien me acoge bajo las alas de la vida.* Acorde con —y como una prolongación de él— el poema que le sigue, «La noche se detuvo en su camino», explicita el deseo de *Ser un solo cuerpo / en el inmenso instante / del presente* y pasar *Una noche. / Solo una noche* junto a la persona objeto de su amor, definido en el siguiente, titulado «Gratitud», como *palabra derramada* y *verbo encarnado* en su *intrahistoria*. El ardor deja paso a la aceptación: *Así es la vida / y así debemos apurarla. / No como hubiésemos querido / que sucediera / sino como acontece de verdad.* Más aristotélico que platónico, Juan Luis Bedins recurre una vez más a su creencia en el poder de la memoria: *Te hallaré siempre / en la perpetua estación de la memoria.* Y no sólo en ella: también en la capacidad del poema, sentido como un *Despertar luminoso de palabras*, para rescatar y rescatarnos en ese *mar encendido / en la costa sombría del silencio.*

Experimentando con otra forma de composición más concentrada y breve, escribe «No estás sola», uno de los más logrados del libro por la intensidad amorosa que lo impregna y la economía lingüística utilizada. Erotismo —y mucho— hay en «La noche es una cicatriz desnuda» (*Aún recuerdo tus pechos / como enigmas cerrados en mis manos / y el temblor agitado de tus piernas / y la sábana blanca de tu vientre*), como en la desnudez de «Llegaste» se advierte ese concepto y modo de componer tan suyos, en los que los grupos estróficos funcionan como fotogramas del recuerdo y como planos cinematográficos de la memoria a la vez.

Si las dos primeras partes del libro, en su estructura orgánica, se articulaban sobre distintas percepciones del tiempo presente y del yo en él, la tercera —titulada «Viaje inacabado»— lo hace sobre una reflexión del pasado, del que se fue actante y testigo, y como una continua invocación, en la que predomina la elegía funeraria —como en el caso de «La mansión del viento», dedicada al poeta Miguel Romaguera *in memoriam*, o como en «Escuchando a Eric Clapton», poema dedicado a otro amigo poeta, Juan Pablo Zapater— o como una elegía a la contingente existencia humana, como en el caso de «Un mundo de carcoma», en el que lo que se destruye no es tanto nuestra naturaleza física como nuestra entidad espiritual: nuestros sueños. Sin embargo, pese a la consciencia y asunción de ello, afirma la esperanza en «Caminante de barro» y —en un excelente poema-relato, como «Eclipse de mar y de noche»— apuesta por aceptar y hacer suyo cuanto la nueva realidad ahora le ofrece *en el otoño tibio* de su penumbra, pese a intuir y a reconocer que, aunque *Levanta el aire / la cúpula dorada / sobre el limpio trigal / que mece nuestros sueños*, son *las sombras dentadas del hoy* las que, en su profunda negación, como una constante amenaza nos acechan.

En la dialéctica binaria que informa su pensamiento encuentra en la condición de la carne su autoafirmación existencial: *Somos carne que aspira a ser feliz / en el breve jardín que atravesamos / siendo materia / bajo un cielo que nos parece eterno.* Se convierte así no en *huésped de la niebla* como Bécquer sino en *huésped del tiempo*, encontrando en ello el modo de dialogar con el objeto amado al que, si antes se dirigía en una alocución más o menos continuada, ahora lo hace con una objetivación en la que los amantes *dialogan con una débil voz / que vibra en sus entrañas / sobre amores proscritos / y felices presencias*, donde todo vuelva a ser *la esperanza soñada*.

La última parte es una reconvención que la persona poemática se hace en su intento de «salir a recordar la luz», que, como si fuera una *Ringkomposition*, una composición anular, *se convierte / en un oculto ejercicio de memoria*. El valor del adjetivo *oculto* como el de *proscritos* antes, alcanza aquí plena significación, al aclarar la profunda y natural relación que existe entre lo que la cuarta parte condensaba en su título —«Canto incesante»— y lo que esta quinta define como «Huella infinita». *Incierto perfume* expone los dos términos de esta *Gleichung*: de esta ecuación, a la vez que nos dice lo que, como libro, supone y es —*labio del tiempo* y *desván de la memoria*—, pero también y, sobre todo, un himno al amor. No importa que la noche transcurra *entre el silencio y la nada*, sino que siempre nos espera un futuro esperanzador entrevisto en esa *luz / que proclama sin miedo la esperanza*. Por eso para su autor *La vida es un amor que no caduca* ni claudica porque es *una celebración de la belleza.* No se me ocurre una mejor definición de la poesía que ésta, que se erige en absoluto centro allí *donde las lenguas cantan / el preciso decir de la existencia.* Y eso —y no otra cosa— es la escritura de Juan Luis Bedins: la búsqueda de un centro, en el que la palabra alcanza el preciso decir de su existencia. No otra cosa busca ni otra cosa quiere sino dar cuenta exacta de la aventura cotidiana de su propio y personal vivir. Y en la medida en que lo logra consigue que ese vivir suyo lo sea de todos, que nos vemos reflejados en esta *poesía arraigada,* en el sentido que Dámaso Alonso dio a estos términos, y en la que escuchamos la voz de un ser humano que cuenta y narra, más que la experiencia que le devuelve en imágenes y trazos la memoria, lo que constituye su íntima y radical verdad: aquella con la que su yo más plenamente se identifica.

Jaime Siles
Jávea, 7 de julio de 2024

*«Nunca te despidas,
sostén en alto
esa rosa de lo inaccesible
cuyo perfume aún queda dentro de ti».*

JAVIER LOSTALÉ

*«Viajar no es huir lejos, sino sentir, quizá,
una descomunal nostalgia de lo incierto».*

EDUARDO ALONSO

*«Nos duele envejecer, pero resulta
más difícil aún
comprender que se ama solamente
aquello que envejece».*

LUIS GARCÍA MONTERO

I. PERFUME INCIERTO

CUANDO LA NOCHE CALLA

A Andrea Espada

Cuando la noche calla
               y declina sus hombros,
cuando el silencio
               enciende las farolas,
en esta habitación
de un ático alquilado
leo mis versos,
celebro mis versos,
sufro mis versos…
Contemplo el tragaluz por donde huye mi vida
cual cráneo cubierto de cerezas,
y el tiempo se agota en somnolientas pisadas
que nunca florecen.
¿Qué fue de aquellos rasgos
que iluminaban el horizonte de mis poemas?

Ya no los veo, pero ha quedado su esencia.
Estos dedos aún dibujan líneas
sobre la lámina de luz que cruza la alcoba.
La poesía nunca halla su fin
entre las cárdenas cenizas.

NEGACIÓN

Tu negación ha erosionado
el rito inaugural de mis caricias,
la irrepetible voz de nuestros labios
en esa travesía hacia la nada.

Te quiero.
Y una luz de junco y ave
amanece poderosa y sutil
cubriendo la inmanente soledad
del tacto al azar de su vuelo.

Presencia de amor

Este rumor de ausencia sobre el mar
es presencia de amor
que reposa en el velo de mis ojos.
Un caudal de viento inextinguible
apaga los susurros que evocan las distancias.
Perfumes germinados junto a pechos
inundados de luz
atisban la roca del deseo,
extirpan lágrimas a la tarde doblegada.

Mi paz es más paz bajo el cielo de tus labios.

Y en este caminar tras el rumbo
de tus manos encendidas
asciendo a un brillo de pájaro,
feliz comunión en el refugio de sus alas,
terso pétalo de pluma.
Es un indicio de amor este incólume arroyo
que nos conduce y renace,
donde convergen nuestras vidas
y se anudan.

BAILARINA

A Virginia Escoruela

Con serena armonía
esta grácil figura,
apenas sostenida
por un cono de luz,
atenaza las sombras,
en su vuelo preciso
la tristeza es burlada,
palidece la muerte.

Y en su breve reinado
resucita el amor.

PIÉNSAME

Piénsame desde tu sueño de luz
acallado tras la noche,
disipa las ermitas que rematan
extensas montañas de niebla,
sitúame en la blanca llanura de tu voluntad,
ámame desde tu joven tilde de pasión
mientras el cielo incrédulo te mira.

Amanezco

Amanezco en tu silueta de estío,
prolongo mi sombra,
estrecha desnudez apretada a mis labios,
puro designio sobre un pétalo de luz.
Revivo en tus alas,
me adivino sumergido en un bosque
de palabras singulares, plenitud de tierra
en el inmóvil laberinto de tus brazos.
Un preciso rasgo rapta mi deseo
absorto en tu misterio y tu inminencia.

GÉLIDA ESCULTURA

La humedad lo cubre todo.
Se esparce la noche
                    sobre los andenes.
Lejano rito de vuelos circulares.
Los recuerdos sobreviven.

Desde el lóbrego rincón

Desde este rincón
que el azar te ha confiado
observas insólitos caminos
carentes de tus huellas,
intangible materia, rosa quebrada
esparcida
        sobre el sueño fugaz
                de la memoria.
Un presagio de alondra en tu pupila
delimita un punto exacto
              de claridad.

Dejó, vacío, el último vaso

Dejó, vacío, el último vaso sobre la barra
y completamente ebrio,
como en tantas ocasiones,
cruzó el umbral de su propia destrucción.
Soledad con soledad se paga.
Solo a veces un tibio aroma
se apiada de nosotros
y nos circunscribe a orillas remotas,
nos rescata,
                   nos sosiega
                             y nos redime.

Solo a veces.

OTRA VEZ LA LUZ

A José Antonio Mateo

La luz, otra vez la luz,
palabra cierta, nítida, sin sombra,
compleja precisión sobre el asfalto,
contorsiona su morfología antigua,
su fuego secular
alumbra,
alimenta el silencio.
La palabra está en la calle.

Nos reclama.

Y FUE ASÍ

A Arantxa Esteban

Y fue así,
como el pensamiento luz
penetró en las orillas de la piedra
hiriendo de aristas
los párpados del sueño,
exaltando la soledad
de los juncos.

La voz se esparce entre las sombras,
busca el sosiego de sus cuerpos
apoyados en la hierba,
bebe el agua clara de las manos
que se rozan en penumbra.

Es así como la palabra
es un continuo renacer de ojos.

EL PRINCIPIO FUE LA PALABRA

A Toni Alcolea

El principio fue la palabra.
La luz daba relieve a la palabra.
Y la palabra fue luz.

El hombre jugó con la palabra.
Creyó tener una idea hermosa.
Y la vistió de palabra.
Y todo lo invadió la luz.

Desde entonces
el hombre vive con la palabra.

II. SOMBRA INEXTINGUIBLE

I

Nos duele envejecer,
sentir frías cuchillas que acechan,
los dientes ya gastados
de morder nuestro propio recuerdo.

La vida es una gota de lluvia
confundida en el océano.

II

Abrazo la fina cintura de la tarde
que corre y se escapa
como un perro juguetón
reclamando mi presencia,
salta y huye
y deja huellas de impreciso perfil
en nuestra historia,
juegos de niños por las plazas,
sosegados paseos por los parques
y escondidos besos de amor
bajo los álamos del río.

III

Viajo con frecuencia
por los caminos del recuerdo,
me alojo en hoteles solitarios
donde escucho tu voz tras cada puerta.
En todas las ventanas
tu sombra me insinúa fantasmas que bailan
entre un coro de nubes grises.
La frente del desasosiego
emerge rodeada de vapores.

IV

Recuerdo un hotel de Niza
hace tres años,
era de noche y el calor ahogaba,
la televisión emitía *De aquí a la eternidad*
cuando unos secos golpes en la puerta
rasgaron mi atención
y me pusieron en vilo.
No esperaba a nadie. Abrí.
Deborah Kerr, con una botella de *whisky*
entró en mi habitación,
besó mis labios
y con tímida sonrisa
preguntó: *¿no me oías?*
Hace más de una hora que te llamo.
No contesté. La abracé suavemente
y caminamos despacio hacia la cama.

V

Más allá de tu silencio
y de estas tardes de julio
brilla el fino horizonte de tu carta
con su perfil sombreado.
Palabras
cubiertas por la tibia luz
de la intimidad.
La cálida puerta del estío
despacio se abre
a nuestras voces más hondas.
La calle descansa, está vacía.
La distancia nos persigue y nos une.

VI

Nos creemos muy audaces,
pero la lluvia a veces
moja nuestros deseos.
Los empapa de dudas y temores.
Esta hora pendular que golpea
con sus treinta y siete grados al sol
y sus ecos agridulces a la sombra
del recuerdo involuntario
se alarga, cimbrea
y me vence.
Una fotografía amarillenta
permanece pegada
en la pared del sueño.

VII

Pedir que el mundo me devuelva
todos los sueños
que sobre él he proyectado
es mi objetivo.
Un rumor de mares desconocidos
inquieta mi sosiego
de tierra sazonada,
un galopar de crepúsculos
sobre las praderas de lo imposible.
Aromas de luz velada me turban.

Pues si está en deuda conmigo,
que al menos la vida me permita
seguir soñando.

VIII

El tiempo
cubre de moho las distancias
y ni el mismo sol es capaz de curar
las húmedas heridas.
Son crueles las palabras
y golpean nuestros propios sentimientos
como si un rayo destructor
las impulsara.
Ceniza es lo que queda
después de tanto fuego de dolor
en cada historia.

IX

Acaso interpretar la vida
con un ritmo más pausado,
saborear sus labios,
acariciar con lentitud su cuerpo
y sosegar nuestra voz.

Acaso vivir.
Simplemente
vivir la vida.

X

En desvanes oscuros
medito en silencio,
mi casa vacía
envuelta en ausencias.
Adivino caricias
más allá de las sombras
y la noche abre un hueco
en mi pecho callado.
Solo tu voz esponjosa
bate alas de luz en la memoria.

XI

Una nube rota se oculta
en los cristales de la tarde,
el sol bosteza y se desliza
como lava que deja huellas
de ceniza y crepúsculo.

XII

Hallé tu sonrisa
en la madrugada de los sueños.
Los dioses navegaban
por un eterno mar de jade,
el viento llevaba el elixir del amor
y el cielo era un vergel hermoso.

Tus ojos guardaron mi secreto.

XIII

Este denso silencio
se extiende ante el tiempo que pasa
y no regresa.
Y en su veloz huida
nos duele envejecer
en un camino de dientes puntiagudos
y largas pesadillas.
Pero a pesar de todo
siempre hay un hilo de luz
que ilumina nuestra mirada.

III. VIAJE INACABADO

LA ENCENDIDA VERDAD
DE ESTA LUZ NUESTRA

Nunca fue un error
la patria restringida donde poder quererte
donde un beso era un roce en la distancia,
una huidiza sombra ante mis ojos.

No fue un error la tibia luz
que amaneció en mis labios,
luz inmortal en mi memoria viva
alimentada por tu voz plena de aroma.

Viva luz
cubriendo mi horizonte de un extenso vergel
donde la tierra bebe el néctar
de tu mirada azul y cristalina.

¿Con qué lágrimas me hallarán despierto
las estrellas que observan mis pesares,
con qué voz transparente,
con qué silueta redentora?

Supe una vez que en el escueto cielo
un vértigo de tiempo se clavaba en mis ojos,
un incierto hechizo de confusión
donde huir era la repuesta.

No cabe mayor claridad
que la encendida verdad de esta luz.

No fue un error que los caminos
coincidieran en un punto preciso.
Pero tras este sueño de árboles y pájaros
no está bien escapar sin retirar la vista.

Nunca ha sido un error quererte.
Mejor así, decir adiós de cerca.
Las manos juntas,
el abrazo que es nuestro y lo queremos.
Y te digo hasta pronto.

Amar no es un error si la verdad redime,
y yo he amado
y amo como nunca
a quien me acoge bajo las alas de la vida.

La noche se detuvo
en su camino

I

La noche se detuvo en su camino.
El silencio se hizo largo
                y se llenó de horas.
Hubo un presagio gris en nuestro lecho.

II

Hablar, dialogar,
buscarse a sí mismo
en esa chispa azul de esperanza.
Tener ilusiones,
soñar con un refugio de invierno,
acariciar cada minuto de un lento domingo,
abrazar, besar cada hora compartida.
Ser un solo cuerpo
en el inmenso instante
del presente.

III

Vuelvo a leer
           tu carta,
indago ese misterio
                entre sus líneas,
la húmeda tristeza que acompaña tus voces
y moja mis labios.
Tus temores se acunan en los míos;
deseamos ahuyentarlos.
Esa carta me hace feliz.
Me rescata de un pasado muy distante
del aquí y ahora.
Todo mi yo arde
en un llanto purificador.

IV

Enterremos todas las briznas de duda
y acampe el sol en nuestras frentes.
Después de todo
                    nos amamos.

V

Una noche.
Solo una noche
junto a ti.

GRATITUD

A contraluz te miro
y veo hermoso
el fondo sostenido en tu silueta.

La soledad primera
del alba amanecida
en nuestros ojos
te rinde un cálido silencio
que es plenitud de música
en el sueño y el misterio del agua.

Alegría sin límites
y eterna gratitud te debo,
palabra derramada en mi presente,
palabra de luz y de vida,
verbo encarnado en mi intrahistoria.

Así es la vida
y así debemos apurarla.
No como hubiésemos querido
que sucediera,
sino como acontece de verdad.
Verdad que es luz
que macera el dolor de mis entrañas
y comulga con el radiante cielo
azul de nuestros días.

Gratitud te debo y tú bien lo sabes,
gratitud que se alza en vuelo lejano
y me deja un placer de azahar encendido.
Si alguna vez la vida te da la espalda
encontrarás mi puerta abierta
como un sereno río.

En la hora precisa del goce y el susurro
me hallarás siempre
dispuesto a ofrecerte una rosa
que apague el fuego prendido en tu noche.

Ahora permanezco en quietud viva.
Intento estar sereno.
Medito lágrimas y barro
pero vislumbro una luz nueva
en rebeldía.

Te hallaré siempre
en la perpetua estación de la memoria.

DESPERTAR

Despertar a la vida
recién amanecida en mi garganta,
orilla que circunda
este mapa creado por afectos,
vino nuevo de triunfante alegría,
viaje inacabado
hacia el horizonte vital
de nuestro encuentro.

Despertar luminoso de palabras,
mar encendido
en la costa sombría del silencio.
Un pájaro de sal recién llegado
se posará en estas manos abiertas
y despertarán sus alas de luz
nuestros ojos inciertos.

LAS PALABRAS

Hoy ha sonado el móvil
y tu voz
ha dado cuerpo a las palabras.

En el papel del tiempo
perdura tu música
y tu mensaje.

No estás sola

No llores por la sangre de tu suerte.
No huyas de la sombra fatal que te persigue.
No cejes en tu empeño por la lucha.

No estás sola.
El clamor de la calle te acompaña.
El amanecer, tibio de perfumes,
empapa de esperanza tu camino.
Rueda, avanza y vive.
Sueña lagos repletos de futuro.

Tienes el mañana en tus manos,
te llama tu horizonte.
Adelante. Insiste
hacia ese nuevo sol que te ilumina.

UNA HERIDA

A Ana Vernia

Grave.
Pero es tan solo una herida.
La vida sigue.

LA NOCHE ES
UNA CICATRIZ DESNUDA

Qué recuerdo de labios
regresa a mi memoria,
qué vértice de luz diáfana,
qué lengua, qué sexo exquisito
cautiva el ritmo de la historia.

Aún recuerdo tus pechos
como enigmas cerrados en mis manos
y el temblor agitado de tus piernas
y la sábana blanca de tu vientre.

La ausencia resbala en el péndulo
del tiempo y deja ver
la erosión producida
por tantos silencios sin descifrar.

Ahora, en este lecho permanente,
la noche es una cicatriz desnuda,
y los tímidos pétalos del sueño
destilan un aroma agridulce en mi vida.

LLEGASTE

Llegaste
como agosto encendido
invadiendo mi corazón.

Amas este paisaje
y yo siento nostalgia del verano,
de los lejanos días
que tú recordarás.

Aún escucho
la música de entonces
sonando entre los dos.

IV. CANTO INCESANTE

Testigo soy

Testigo soy de tu casa sin luna
con una oscuridad
de amantes.
Las cortinas abiertas,
el canto impreso en las paredes
y sobre el sofá un girón de gloria
justificando mi presencia,
una manera de celebrar
la música más íntima
siempre fiel a mi destino.

ESA MISMA LUZ

El buque insignia de mis noches
fue tu luz devastadora,
amplia sonrisa que bendigo.

Fue esa misma luz, fecunda bóveda
de mi horizonte
que al final, cumplido el plazo,
se marchó dejando un hilo
con expresión de ausencia
en el incierto rumor de mis días.

La mansión del viento[1]

A Miguel Romaguera, in memoriam

Cuando el árbol de mis huesos
se marchite,
ven, acude a mí
como en un torbellino.
Esparce mi polvo
por el llano
para que pueda ver
cómo las alondras
sobrevuelan mi recuerdo.

Y cuando caigas
con la tarde,
cae conmigo aquí,
donde podamos mirar
la clausura del día
y pensar cómo rompe la mañana.

---

1 Versión libre del poema *Mansion*, de A. R. Ammons.

Escuchando a Eric Clapton

A Juan Pablo Zapater

No podrá el eterno silencio
arrancarte de mi mente.
Una y mil veces te retengo
en esta savia renacida
desde el vértigo y la sima del dolor.
Te has resbalado por el balcón
traidor y miserable de la muerte,
pero yo te rescato cada día
de ese abismo de soledad y estrago.

Estoy siempre contigo, hijo.
Tears in Heaven.
Permaneces en mi música,
es decir, en mi vida.
Tengo la oportunidad continua
de amarte con lo que más amo.

Un mundo de carcoma

A Carles Santaemilia

Ante nosotros aparece
un mundo de carcoma que cercena los sueños.
La tierra en brasas se nos muestra
y su música es un réquiem profundo,
la palabra que arde en la sequía,
el sueño derramado
en los labios inmensos de la noche.

Esta es la verdad manifestada,
habitáculo de luz que llamea
en las extensas playas de cobalto.

Un mundo de carcoma
como campo sombrío.
Tal vez el bálsamo del agua
sea el gesto feliz que lo rescate.

CAMINANTE DE BARRO

Lanzar luz a la luz
con mirada precisa.
Los vaivenes del mundo
en un blanco pañuelo.

Larga nostalgia
y un adiós a las dudas.

Caminante de barro,
salta el agua y ensucia
vanas promesas,
acelera ese tren
sin destino seguro.

Caminante de barro
velas el corazón
de la vieja leyenda.

Eclipse de mar y de noche

La noche cayó de espaldas al mar
provocando una espuma gris
en sus cabellos.

Concluía septiembre
y una sed de luces nuevas me hería,
voces como ecos de ausencias silentes.
La arena crepitaba
historias de viejos amores.
Las dunas cerraban la puerta
a cuerpos desnudos bajo la luna.
Serenata de estrellas
bajo un sueño trémulo y quebradizo.
Las horas siempre avanzaban despacio.

Eclipse de mar y de noche
en el otoño tibio
de mi penumbra.

Levanta el aire

Levanta el aire
la cúpula dorada
sobre el limpio trigal
que mece nuestros sueños.

Al fondo de la luz
existen fragmentos de sombras
que guiñan un ojo al destino
y sonríen ante la puerta
que atraviesa la luna.

El aire calma,
pero las sombras dentadas del hoy
acechan en la negación profunda.

Somos carne

Somos piedra que devora la ausencia
en el claro amanecer de la lluvia,
las entrañas en el centro del aire.

Somos carne que aspira a ser feliz
en el breve jardín que atravesamos
siendo materia
bajo un cielo que nos parece eterno.

LOS HUÉSPEDES DEL TIEMPO

A Vicente Barberá Albalat

La extraviada pasión que ha regresado
a su recinto sacro
rememora los huéspedes del tiempo,
esos extraños personajes
citados en un libro con memoria.
Peregrinos del mundo y de la vida
se dan cita de nuevo en sus estancias
y dialogan con una débil voz
que vibra en sus entrañas
sobre amores proscritos
y felices presencias.

VIENES

Vienes.
Afirmas la molécula del cambio,
el retorno del viento hacia la orilla
iluminada y sin temores,
barcos nuevos para las mismas aguas
que llevan a la esperanza soñada.

Un puente que te devuelva a la vida
donde soñar sea un bálsamo pleno
en la carretera sin límites
que conduce a la luz que se halla
en el vértice del atardecer.

V. HUELLA INFINITA

SALIR A RECORDAR LA LUZ

A Rafael Soler

Allí, fuera del alba,
salir a recordar
la luz
se convierte
en un oculto ejercicio
de memoria.
Allí, donde expira el sueño
de las noches blancas,
buscar de nuevo la lluvia
se hace inevitable.
Comprender su música,
mecerse en su silencio
siempre abierto
a los espacios interiores.
Allí, en ese tiempo
transparente
del respirar sereno,
se vuelve imprescindible
salir a recordar
la luz.

Sobre las horas

Este tránsito de cervezas
multiplica la noche
en su caudal más puro.
La luz de las farolas
se derrama en la calle
dibujando ilusiones
más allá de las horas.
El silencio de los espíritus
sobrevuela los bares
mientras canta el recuerdo
en la tenaz esperanza del náufrago.

En los ojos que aman

El peso del ayer
dobla tu espalda.
Escucha la fuente que vuela
entre risas de niños.
Que esa esperanza te alce
del último tropiezo.
La muerte no tiene cabida
en los ojos que aman.

LA VIDA ES TEATRO

A José Vicente Peiró

La vida es puro teatro, dices
mientras lames despacio
el lóbulo derecho de mi oreja.

Giran las bambalinas sonrientes
cada tarde,
                    cada noche soñada.

La voz ajena
se hace propia y anida en mi interior.
Es el labio del tiempo
que permanece en las orillas
y produce un gemido de vivencias
que estremece
y emociona.

La vida es puro teatro, dices.
Y sofocas el beso de ese labio
en el desván de la memoria.

ATRAVESAR LA AVENIDA

Si deseas cruzar esta avenida
despójate del miedo que te acecha,
cúbrete de luz sobre los hombros
y esparce un poco de perfume
en tus bolsillos.

La avenida es un mar abierto
hacia la duda,
un inquieto vaivén
en el ignoto mundo de las sombras.

La flor se recupera poco a poco
de la agresión del barro y su mirada,
pero se acerca el milagro del agua,
de su abrazo,
y cada pétalo se eleva
hacia la nube acogedora.

Si pruebas a cruzar esta avenida
hallarás un aleteo de manos
dispuestas a quererte.

CADA MAÑANA

Tienes que decidir cada mañana
el camino que debes emprender,
la senda sosegada,
la ruta misteriosa
que conduce al paraíso,
o ese demonio que te ahoga
y te hace perecer entre tinieblas.

Cada mañana
una valiente voz te recomienda
que encamines tus pasos
hacia un horizonte luminoso
que haga feliz tus días y tus noches.

Pero te recuerdo, amigo mío,
que no hay más voz que la que tú proclamas
ni más luz que la que tu pecho alberga.

Cada mañana es un nuevo principio,
un aire fresco y fugitivo
que nos abraza.

DESAPARECIDA

Dejas un largo rastro de ceniza
en la curva de la noche,
los pájaros no trinan en las ramas
y tu voz se dispersa
como un eco que se prolonga
en el corazón de un bosque dormido.
Mantienes un pulso
con las palabras
en el pozo interminable del sueño
donde la garganta se cierra
y no deja ver más que lodo.

El tiempo pasa lento.
Tu voz no llega clara y contundente,
los labios se marchitan
con las horas que corren
y la noche transcurre
entre el silencio y la nada.

El sol de cada amanecer
ilumina los campos del futuro.

Pinceladas vacías

Pinceladas vacías
visten tu corazón de soledad.
De la rama de cada amanecer
brota una luz
que proclama sin miedo la esperanza.
Cercano resplandor
que se posa en el pétalo feliz
de tu silencio.
Tibia melodía que emerge
de tu sangre serena.
Tus manos aletean en busca de caricias,
vuelan hacia la piel
que alegre las acoge.
Las pinceladas vacías huyeron.
Hoy descubres la puerta de la vida.

Celebración de la belleza

A Jaime Siles

Respirar la belleza para vivir en paz.
La belleza nace de la memoria
y se proyecta hacia la luz,
habita la vida misma
y el silencio absoluto.

La belleza yace en la juventud
y en la experiencia de la madurez.
Es un misterio
que nos conduce a la alegría.

La vida es un amor que no caduca,
una celebración de la belleza.

EL CENTRO

A Antonio Praena

El centro se halla en las afueras,
en el límite del asombro y de la duda,
en la orilla de la ciudad sin nombre,
en la exacta periferia del cuerpo.

El centro está en esos sueños arcanos
que nos relataban de niños
para infundirnos miedo
y darle un halo de misterio
a nuestras vidas.

El centro está en la curvatura
del sol de medianoche,
allá donde la tierra extraña sus insectos,
donde las lenguas cantan
el preciso decir de la existencia.

EL VIEJO LIMONERO

A Vicenta y Estela

El viejo limonero de la casa
da sombra a mis lecturas veraniegas,
da cobijo a mis versos
apenas esbozados
y acuna con su cítrico vaivén
el lento navegar de mis ideas
en las tardes de estío,
cuando el sol ya declina
y agosto devora los días
sin un mínimo de misericordia.

De vez en cuando, mientras leo,
un seco golpe sobre tierra
distrae mi atención y giro la cabeza.
Es un limón maduro
que se ha caído de su rama.
Un breve manto cubre el suelo
de un amarillo intenso y sazonado.

Ese viejo limonero del patio
de la casa del pueblo
es el amigo que cada año
me acompaña gozoso
con su leal presencia
algunas de las tardes más felices
de un verano cualquiera.

Mi casa

A mi familia

Mi casa es el poema que escribo cada día,
la nube anaranjada de la pasión primera,
la noche que en silencio rescata mi memoria.

Mi casa son mis padres, mis hermanos
y toda mi familia,
mi mujer y mi hija
y todos los amigos que me quieren.

Mi casa es mi trabajo y mis lecturas,
los versos y los libros
que en mi desván conviven,
El útero que me protege
de mi desnudo miedo.

Mi casa es el rosal y es la pradera,
es el desierto que despacio cruzo
hasta llegar al mar que es mi alegría.

Mi casa eres tú
en el extenso viaje del presente.

ÍNDICE

TÍTULOS DE LA COLECCIÓN